Un corazón para ti

Leyre Laica Velasco

Un corazón para ti
Leyre Laica Velasco

Diseño de la cubierta: Equipo de diseño de Universo de Letras
Imagen de cubierta: ©Shutterstock.com

Obra publicada por el sello Universo de Letras
www.universodeletras.com

Primera edición: 2024

ISBN: 9788410004665
ISBN eBook: 9788410265646

Para la persona que me hizo
conocer la definición
del amor.

EL SENTIMIENTO DEL AMOR

Cuando te conocí, yo seguía desconociendo lo bonito del amor.
Contigo lo aprendí.
Y cuando te digo: «No sabes cuánto te amo»
es porque ni siquiera yo lo sé.
Porque es tan inmenso el amor que siento
que ni siquiera yo puedo imaginármelo,
ni siquiera yo puedo comprenderlo,
ni siquiera yo puedo explicarlo,
ni siquiera yo sé cómo puede caber un amor tan grande en un
universo tan pequeño.
Porque es tan inmenso...

tan inmenso

que ni siquiera yo puedo ponerlo en palabras.

Tenedlo en cuenta:

ni siquiera yo

y, menos, tú.

Mi amor por ti es más grande que el universo.

Tu mirada se fija en la mía
y mi corazón se acelera cada vez que me sonríes.

En esos momentos, siento que el tiempo se detiene y que todo lo demás se desvanece. La conexión que compartimos es tan profunda que a veces me cuesta creer que sea real. Tu presencia en mi vida no solo trae felicidad, sino que también infunde una paz que jamás había conocido.

Cada vez que te miro a los ojos, descubro un nuevo universo lleno de posibilidades y esperanza. Es en esos instantes cuando me doy cuenta de la magnitud de mis sentimientos por ti.

Noté que sentía algo por ti cuando no podía evitar sonreír
Cada vez que te acercabas a mí,
cada vez que te veía tan feliz.

Esto de ocultar se me da muy mal,
no te puedo dejar de mirar.

Me he sentido sola durante tanto tiempo,
durante tantos años,
que cuando te vi por primera vez
mis pupilas se dilataron y dije:
«¡La soledad nunca existió!».

Mi peor vicio eres tú,
no el tabaco.

En comparación, cualquier otro vicio parece insignificante,
porque es tu presencia la que verdaderamente me consume.

Me dijo: «Sonríe».
Y sonreí.

Me dijo: «Cuando estés triste, piensa en fantasía y magia».
Y pensé en él.

Contigo siento sumisión,
contigo tengo valentía,
lindura
y delicadeza.
Contigo soy mujer.

Contigo florezco en todas mis facetas.

Eres la razón por la cual abrazo mi feminidad con orgullo y plenitud.

En tu compañía, siento que puedo ser verdaderamente yo misma, en toda mi complejidad y belleza.

La perfección para mí está representada
en la viñeta de un hombre.

Desde que supe de tu existencia,
los demás se volvieron
irrelevantes.
Desde el momento en que te conocí,
mi mundo cambió
y mi atención se centró únicamente en ti.

Eres el eje alrededor del cual gira mi universo y nadie más puede ocupar ese lugar.

Llegaste a mi vida con una sonrisa que nunca olvidaré: iluminaste mi interior.

Tu llegada marcó un antes y un después, llenando mi mundo de una luz que nunca había conocido.

Esa primera sonrisa tuya se ha convertido en un faro que guía mis días, recordándome constantemente la belleza de tenerte a mi lado.

Tus ojos se clavan en mi pupila,
siento tu olor a lila.

Por ti haría brujería para estar
en mis siguientes vidas a tu lado.

Podría estar contemplándote horas,
años,
siglos...

el tiempo que haga falta.

Nunca acabaría de conocer cada rasgo que tienes, porque son
tantos y cada uno
es tan bonito...

Te lo dije una vez y te lo vuelvo a decir:
«Eres lo más bonito de nosotros».

¿Crees que nunca me he fijado en tus pestañas?
Son de longitud mediana y un poquito rizadas.

¿Que si me he fijado en tus ojos?
Claro que sí, porque nunca había visto unos ojos tan redondos
como los tuyos.

Yo tengo los ojos oscuros, tan oscuros que solo podrías ver
el color de mi iris si usas una linterna,
pero para ver los tuyos no hace falta más luz que la que ya hay,
ya sea luz natural o artificial.

Me fascina el brillo de tus ojos,
no sé si lo tienes solo cuando me ves o también cuando me piensas.
Ese brillo es hermoso
y es maravilloso verme reflejada en tu mirada, por eso te miro tanto.

Me encanta la peca que tienes al lado de tu boca...
¿Crees que no me he fijado?

Te repito: adoro tus pómulos; mejor dicho, la forma de tu cara.
Y te lleno la cara de besos porque amo la suavidad de tu piel,
siento como si estuviese besando un pétalo de rosa.

¿Crees que nunca me he fijado en tu rostro?
Lo hago siempre que te tengo enfrente y, si no,
lo hago mirando tus fotografías.

Crees tan poco...

Nunca me había
enamorado tanto del físico de una persona...
porque no había encontrado en otra
la perfección que tú tienes.

Me miraste y sonreíste, y yo me sonrojé y dije:
«Así que esto es amar».
Me abrazaste y te devolví el abrazo, y dije:
«Así que esto es confiar».
Me tocaste y te toqué, y dije: «¿Con que esto es desear?».
Pero cuando me besaste y te devolví el beso, dije:
«Así que esto es besar... Pues llevo
toda la vida haciéndolo mal».

Quiero que me quieras sin quererlo.
Quiero que me quieras

y me enseñes la palabra «amar».

Quiero descubrir contigo cada rincón de este sentimiento,
quiero perderme en tus abrazos y encontrarme en tus besos.

Vine del vientre de una madre valiente y protectora, y me recogió en sus brazos un hombre proveedor y cariñoso. Mi madre tenía a dos hijos que discutían con amor de hermanos, y ya sentía la necesidad de comprar los vestidos de niña que veía en los escaparates.

Cuando hablo sobre mi corazón, no tengo por qué hacerlo solo desde el corazón de mujer; también hablo desde el corazón de hija, hermana y niña. Mi corazón también pertenece a mi madre, quien es mi alcahueta y mi confidente; también a mi padre, quien es el hombre que más me ha consentido y el que me ha convertido en una mujer caprichosa. No, eso no es malo, porque mientras crezco, más quiero ser él y lograr mis deseos, mis caprichos, mis regalos por mi propia cuenta, en lugar de ver su dolor de espalda, sus manos sucias y sus zapatos desgastados. Una parte de mi corazón también la llevan mis hermanos. Aunque crean que no caben en él, en realidad mi corazón está a punto de explotar por el amor que siento hacia ellos: ¿cómo no voy a querer a los hombres que me celan, me protegen, me cuidan y velan por mi bienestar desde que nací? Aparte de mi padre, claro. También Dylan, mi hermano menor. Aún recuerdo cuando lo vi por primera vez: tenía solo unas pocas horas en este mundo; cuando iba a salir de la habitación del hospital, me giré, abrió sus ojos y conectamos al instante. Le miraba, me miraba. Ahí, ahí supe verdaderamente lo que era el amor a primera vista.

Y por último, a mi sobrina, mi pequeña Alexa. Ha sido mi motor para vivir junto a Dylan, siempre quise una hermanita y, aunque no nació del vientre de mi madre, ella es mi hermana.

Agradezco a mi cuñada por haberme dado a una niña con mi misma apariencia, porque con ella juego, bailo, lloro, río, corro y hago mil cosas más que ayudan a sanar a mi niña interior, a aquella niña que se sintió sola. Con ella siento un tipo de consuelo hacia mí, porque la protejo como si fuese yo misma.

Es un tipo de consuelo esencial, porque nunca permitiría que ella sintiera la soledad y la tristeza que yo sentí a su corta edad.

Mamá, has hecho realidad un sueño que tengo desde los diez años: escribir un libro. Eres la persona que ha hecho hasta lo inalcanzable solo para encontrar mi felicidad, siempre estaré agradecida. El día en que me faltes, lloraré, pero no te daré flores, porque siempre dices que las flores se dan en vida. Así que, cuando me sea posible, te llenaré una carreta llena de flores de todos los colores, aunque eso sería muy poco para ti, madre.

Papá, te digo exactamente lo mismo que a mamá, pero lo que más te agradezco es que hayas sido un PADRE con todas sus letras y su definición. Nunca has sabido decirme que no, solo por verme feliz. Sé que si tuvieses la felicidad en tu cartera, me la darías aunque te quedases sin nada. Saber que tengo un padre así solo me hace entender que soy una persona bendecida y privilegiada.

Daniel, aunque no lo creas, todos los días intento ser la mujer en la que quieres que me convierta. El motivo por el que lo intento es para conseguir tu atención, cariño y admiración; intento que veas mis méritos para que te sientas orgulloso de mí, espero algún día recibir un abrazo tuyo y dejar de llorar en las noches, deseando tener un hermano mayor.

Cristian, cuando las niñas son pequeñas, se enamoran de los padres y los ven como los hombres perfectos, pero a mí eso me pasó contigo. Cuando ya había crecido, intentaba mostrarte cuánto te quería; ahora sé que en ese tiempo tú lo sabías, pero no podías reaccionar ante ese amor. Yo pensaba que me faltaba un hermano. Recuerdo cuando me regalaste un peluche y me dijiste que me lo compraste porque te recordaba a mí, porque tenía mis mismos ojos. Después, entré a mi habitación y lloré de la emoción. Creo que el acto de amor más grande que has hecho por mí ha sido regalarme una sobrina, a quien yo considero mi hermana pequeña. Siempre te lo agradeceré, porque con ese acto iluminaste mi vida y me diste un motivo más para sobrevivir.

Dylan, no te cuento mi historia porque te falta crecer unos años más para que puedas entenderla, pero cuando sentía que ya no podía más con el infierno en el que sentía que estaba, tú me ayudaste... y me sigues ayudando. Desde que naciste, eres mi razón de vivir y mi razón de seguir luchando, porque no podría abandonar a mi alma gemela, que eres tú. Eres mi niño.

Alexa, cuando sepas leer, leerás esto: eres la niña de mis ojos, mi princesita, «mi hijita», como siempre te digo. Extraño cuando eras un bebé y te tenía en mis brazos. Pesabas tan poco... pero también me siento feliz al verte tan grande. Despertarte, peinarte, darte el desayuno, acostarnos en mi cama, hablar sobre ti... Eres una niña muy inteligente y bonita. Por eso siento que eres mi espejo.

Gracias a todos por hacer este sueño realidad. No todo tu corazón debe ser solo para un hombre o para una mujer.

Por último: gracias, familia.

AQUEL SENTIMIENTO LLAMADO DESAMOR

He dejado de idealizarte, aunque sigo soñando contigo.
Sigo hablando sola, imaginando que estás escuchándome.

Sigo diciendo tus frases con tu misma entonación
y sigo durmiendo con el mismo pijama que me regalaste,
sin necesidad de que sea una fecha especial.

Incluso te sigo recordando al respirar,
te sigo recordando incluso cuando no debo recordarte.

He llegado a estar a más de 9.000 kilómetros de ti,
y te extrañaba como te extraño estando a quince minutos de mi
casa a la tuya en coche.

Yo solo quería tu atención, solo buscaba tu cariño,
pero no lo conseguí.
Espero atreverme algún día a estar sin ti
y decirte que ya no te quiero
y creérmelo yo misma.
Porque sí,
te quise.

Cuánto te quise.

Te quise tanto que dejé de quererme,
te quise tanto que te quise más que a mí.
Tanto que, cuando me dejaste, me perdí

y solo reprimí ese sentimiento negativo que dejaste en mí.
Sentí que me sacabas las entrañas y que te las comías delante de mí.
Rompiste mi corazón y te llevaste una parte de mi alma
que solo pude llorar hasta dormir, y así durante meses. Y seguiré.
No me cansaré.

Espero que algún día te des cuenta de todo lo que quise darte y
nunca pude.
No tuvimos tiempo,
pero el poquito tiempo que tuvimos fue el más bonito de toda
mi vida.
El plan de Dios, o llámalo universo,
es perfecto
y si algún día volvemos a estar juntos, se lo agradeceré
a aquel universo, como una hija a un padre.

Mi corazón está triste y herido
por lo que pasó, pero
sé que pronto todo será un triste
recuerdo.

Aunque ahora siento un dolor profundo,
confío en que sanaré con el tiempo.
Me prometo a mí misma que aprenderé de esto.
Creceré y me fortaleceré.
Sé que merezco más de lo que me diste,
y tarde o temprano encontraré la paz
y la felicidad que busco.
Porque aunque te amé intensamente,
ahora debo amarme a mí misma más.
Así que dejaré que el tiempo cure mis heridas.
Sé que, al final,
saldré más fuerte de lo que era antes.

Te fuiste y todavía no lo acepto.
Quince pensamientos rodean mi cefalea,
algo endógeno.

Te perdoné desde el minuto uno, aunque sigo sin recibir tu
perdón.

Ha vuelto la ansiedad, trato de disimular e intento estar bien
ante los demás.
Siempre te decía que mi mayor miedo es la vulnerabilidad.

Lo que más extraño es la paz que me transmitías con tan solo
tu presencia,
por ti aprendí a tener paciencia y ahora estoy en un desasosiego.

Llegué a tener creencias absurdas sobre ti y caí en la ridiculez
que tú creaste,
siempre me arrepentiré de haber sido el payaso de tu circo
sin haberte cobrado ni siquiera unas monedas de cobre,
mas no soy una persona tonta por confiar en alguien.
Aquí, el único tonto eres tú.

Fue lo que nunca quise que fuera:

un recuerdo.

A veces me pregunto cómo llegamos a esto,
cómo todo lo que construimos se desvaneció tan rápido.

Pensé que éramos indestructibles,
que juntos podríamos superar cualquier obstáculo.
Pero ahora solo queda el eco de lo que solíamos ser.
Un eco que duele al recordar.
Fue un giro inesperado, un final que no esperaba.

Mi corazón no acepta lo que mi mente sabe.
Me duele tanto el saber que tú no estás y lloro
porque ya me duele mucho sonreír.

Vomito mariposas que metiste dentro de mí,
como si fuesen monedas en tragaperras.

¡Eres un ludópata!

Mi corazón murió aquel día, cuando vi que la mirabas como yo te miro a ti.

Creí que lo nuestro sería algo recíproco,
pero controlas mis cuerdas y yo soy tu marioneta favorita.
Y así no funciona el amor.

Agarraste mis manos y dijiste que esto era algo inmarcesible,
pero elegiste a la planta carnívora y yo era el jazmín.

Escuché un susurro:
«No vuelvas con aquel».
Respondí con el silencio
y hubo mil palabras.

Ahora es cuando me pregunto:
«¿Por qué ella y no yo?».
Quizá, yo sea muy joven para entenderlo
o muy niña para aceptarlo.

Y una cría en pañales para entender de qué está hecho el amor.

Oasis de emociones.

Te sigo imaginando al despertar...
Los sentimientos que te regalé
deben terminarse.

No hay nada que intentaste,
en todo tú fallaste.

Otra noche llorando en mi baño,
otra noche pensando en buscarte...
¿Y tú?
Tú sigues sin aparecer

y yo muero solo con tu recuerdo.

Aun con el alma negra, siempre seguirás siendo igual de bonito ante mis ojos.

Solo puedo pensar en ti, pero tú sigues sin venir.
Sácame de este infierno en el que me has metido.

¿Cómo olvidarte?, ¿cómo superarte?
Enséñame a que no me importes.

Te recuerdo al respirar.

¿Cómo olvidar tus bellos ojos
si esos mismos ojos son los que me enloquecen
con solo proyectarlos en mi mente?

Larguémonos a un mundo de alegrías...
Alegrías, ¡qué bien suena!

He estado tres semanas sola, tres semanas sin ti, que es igual a estar sola.

Te amé.

Te amé hasta las entrañas.

Te amé como si me hubiesen clavado una flecha de amor en la sien,

tan indoloro para todos y tan mortal para mí.

Lo que hiciste me dolió, pero te perdono porque adoro más
la adoración que tengo hacia ti.
Adoré hasta lo malo de ti y tú te aprovechaste de eso.

No te preocupes,
últimamente estoy estable, como siempre has querido.

Acabé jodiendo de más lo nuestro,
pero tú tampoco te salvas.

Ya no estoy para justificar tus actos.
Para los demás, ya eran suficientes para despreciarte.

Qué ilógico es que sigas sin venir,
qué ilógico seguir teniendo esperanzas y qué ilógico seguir
soñándote,
seguir pensándote,

imaginándote al respirar.

Cuando llegue tu día de extrañarme, solo quiero que recuerdes
todo lo que te dije la última vez.
Y piensa en las mil palabras
que nunca pude decirte.

Ahí entenderás y llorarás.

Enciendo el cigarro,
miro a la Luna y siento que estás conmigo.

Ella llora porque te has ido
y yo lloro más al verla
tan triste.

Entrégame la Luna.

Nunca quise amarte,
pero pasó en tan poco tiempo...
Tuve que olvidarte,
a pesar de que tú me enseñaste a amarte.

Tantas

tantas noches llorando por ti.

Tantas

tantas gotas en mi cara.

Seguimos aquí contemplándonos desde la distancia,
desde la inquietud.

La falta que me haces.

Acabamos teniendo la vida que nunca quisimos tener.
Quisiera volver a enamorarme de ti,
mas no me lo permites, me cierras la puerta con llave.

En el fondo sabía que esto terminaría,
pero no pensaba que terminaría tan temprano.
Desde que me dejaste, solo me drogo para tener la calma que
contigo tenía.

No consigo dormir, te deseé mil noches de insomnio... y ahora
yo tengo un millón.

Me pregunto yo: «¿Ahora con quién miraré a la Luna?».
Mi música me acompaña, mi arte me acompaña
y me abrazo a mí misma... porque ya no tengo tus brazos.

¿Ahogarme entre versos es bueno o malo?

Nunca dejaré de escribir pensando en ti.

Abrazo a mis peluches y siento el calor de tu cuerpo cuando me
abrazabas.
Mi mente y corazón no puede parar de pensar en ti
y en esa vez en la que nuestros cuerpos se desprendieron de
nuestra galaxia
y fuimos a parar en Andrómeda.
Bésame y volvamos juntos al paraíso.

Andrómeda.

Me preguntas:

«¿Por qué no vuelves conmigo?».

Y te respondo:

«¿Cómo quieres que vuelva a un lugar en el que nunca estuve?».

Mi único deseo es abrazarte y expresarte el profundo amor que siento por ti.

Sin embargo, no puedo hacerlo si no es algo recíproco.

Te sigo llorando,
te sigo recordando al respirar.
¡Oh!
Al respirar.

Para ti solo fue un juego,
un beso más.
Para mí no fue solo eso:
fue algo inimaginable,
algo tan bonito que no puedo explicar.

Extraño tu olor y abrazar a alguien cuando duermo.
Nunca volveré a encontrar a alguien como tú,
quizá encontraré a alguien mejor
o a alguien peor,
pero a alguien como tú... ¡jamás!

Mi mamá te odia, porque me ve llorar por ti.
Me dice: «Hija, no llores, eso no era amor».
Y yo le digo: «Mamá, ¿desde cuándo conocemos la definición
del amor?».

No era sempiterno.

Mirándome a los ojos, me dijiste: «No te amo».
Yo ya estaba marchita,
fruncí el ceño por la rabia
y mil demonios salieron de mi boca.

Cuando pensé que nadie podía lastimar a un corazón de metal,
llegaste tú.
Aún recuerdo cómo me mirabas, y también recuerdo que yo no
quería ser la perseguidora y tú el perseguido.

Tenía miedo de que me pudieses fallar.
Ahora no puedo tener miedo a nada, ni siquiera a las alturas,
como una vez te confesé.

Contigo únicamente existía la calma, pero el problema no era eso.
El problema era que, cuando te ibas, venían remolinos y pensaba
que nunca volverías,
mas al día siguiente te veía y mi calma regresaba.
Y así sucesivamente.

Te fuiste y me dejaste sola, sabiendo que temo a la soledad.

Y te sigo teniendo aquí, tan cerca de mí.
Te tengo aquí a unos kilómetros,
pero siento que ya no estás conmigo, que ya no estás tan cerca
como antes, a pesar de que sigan siendo los mismos kilómetros
de tu casa a la mía... como antes.
Estás tan allá y antes estabas tan aquí. No fue mi culpa.
Permití que te metieras en mi alma, pero tú no quisiste hacerlo,
y yo no pude obligarte.

Nunca me perdonaré a mí misma por haberme creído tan poco
y a ti tan mucho.
De tantos cachitos de mi corazón que te di, me acabé quedando
sin un corazón para mí.

Sin un corazón.

Después de tu partida, lo único que sentí por ti fue decepción.
Y eso duele más que diez mil balas en el pecho.

Te perdono siempre para no perderte,
mas en cada reconciliación me pierdo a mí misma un poquito más.

Justifiqué cada una de sus acciones
aun sabiendo que no era capaz de controlarse a sí mismo.
No sé en qué momento se volvió un robot.
Después de que mi corazón robó,
reinará en mi mente para la eternidad
y no me importa saber que él nunca lo sabrá.

Añoro la diferencia que nos hacía semejantes
y añoro los momentos en los que sentí,
mas hoy no siento nada.

¿Quién me hablará en mis veladas?

Jamás lo abandonaré.
Aun siendo consciente de mi complejo de salvadora,
no soy capaz de decirle un «no» por respuesta.
Dudo de que él lo llegue a saber.
Revuelvo toda mi vida cuando reaparece en ella;
ya me acostumbré, es como mi estrella.

Cuando me abrazabas, solo a uno de los dos le latía el corazón tan fuerte, hasta el punto en el que casi se salía del pecho.

Pista:
no era a ti.

Me cobijaste al lado del ciprés.
Sabes perfectamente que el ciprés me da alergia:
mi nariz comenzó a sangrar.
Me abriste las entrañas y me dijiste que me amabas.
Entiendo,
entiendes
que esto es una obsesión de ti,
de mí.
Me siento degollada,
no me salen las palabras.
Me siento desquiciada, pero sigo estando aquí.

SIENTO TODO Y, A LA VEZ, NADA

Cambia de forma:
un día es tan pequeña como un cuarto de gota de lluvia,
a veces es un huracán.

Mamá no entiende mis días oscuros.
«Mamá, yo tampoco los entiendo».

No le temo a la oscuridad, no le temo a mi cama
y quizá eso sea el problema.

La ansiedad me tiene como rehén en mi colchón,
ya no es tan divertido divertirme,
tener melatonina es un pecado para el insomnio.
Aprieto mis dientes al punto de casi romperlos...
«No puedo llamar vida a esto, mamá».

Ansiedad.

Es más fácil sonreír que explicar por qué estoy triste.

Cerré los ojos,
apreté los puños
y lloré como llora una niña
cuando pierde a su muñeca.

Es cocaína y yo una cocainómana.

Pido más y él me da...
¿a qué precio?

No le pregunté.

Mi música me tranquiliza.
Ella es mi dama,
mi mujer.

Mis ojeras me entristecen,
entristecen mi rostro,
entristecen mi alma.

A mi pañuelo rojo
siempre le echan ojo,
en mi brazo está
ocultando la verdad.

Manchas de sangre tiene,
nadie cuenta se da,
todos buscan mi dolor.

Llevo llevándolo mucho tiempo,
llama más la atención.

Gente a mi alrededor...
¡Que se vayan ya!

¿Cuánto tiempo debo esperar para que a todos les dé igual?
o
¿para que les deje de importar?

Mi corazón palpita
cada vez que alguien grita:
«¿Qué te pasó en el brazo?».

Ganas de darme un balazo...

¿Tan intrigante les parece?
Pues ahí permanece.

Negro como el escorpión,
así es mi corazón.

—Corazón congelado,
¿por qué te congelaste?
—Por culpa de la gente,
también dejé que esto me afectase.
Me hicieron daño,
mucho daño.
A cada hora,
a cada minuto,
a cada segundo
y en cada mundo.
Y punto.

Hace tiempo,
la paranomasia se acabó
y el telón...
¿no subió?

Sentí y se terminó.
Lloré y se acabó.
Sufrí, pero siguió.
Grité y me cansé...
y callé
Inocencia.

Es muy chistoso que hayamos acabado otra vez así,
porque ya no sé qué sentir
ni cómo vivir.

Disfruto con la
pequeña sustancia
que me hace sentir todo
y, al mismo tiempo, nada.

Me miro al espejo
y me abrazo,
porque sigo sin perder la batalla
contra la soledad.

Te doy las gracias

Índice